おうちごはんは
日々のくりかえし。

料理家がふだん、
気ラクに作っているレシピ

有賀 薫

JN223141

KADOKAWA

おうちごはんは、日々のくりかえし。

毎日のごはん作り、本当におつかれさまです。

夕暮れどきになると「今夜のごはん、どうしよう」という小さな黒い雲が心の中に生まれませんか？疲れたなと感じる日、帰りが遅くなってしまいそうな日、どうしても気がのらない日。おかまいなしにごはんの時間はやってきて、私たちは何かしら食べることを考えなくてはなりません。

スマホを検索すればおいしそうな料理であふれていても、時間やお財布、好みや栄養まで考えながら自分がその日食卓に出せる料理となると、ごく限られます。作るものが決まらない、いつも同じになってしまう、これは私が聞いてきた料理の悩みでもトップクラスにくるものです。裏を返すと、献立さえ決まれば作るのは嫌いではないという人も案外多いように感じています。

スープ作家である私も、毎日ごはんを（もちろんスープ以外のものも）作っています。安心させるために言うわけではありませんが、料理を仕事にしていたって、やっぱり今日のごはん作りがゆううつだなあと思う日はあるし、悩むことも多いのです。

それでも、30年間、家の料理を作り続けてきて、たどりついた私なりの答えがあります。

それは、作り慣れたものをくりかえし作ること。ずらりと並ぶメニューからあれこれ選ぶやりかたはレストランにまかせて、家では心が落ち着く「いつものあれ」でいくのです。

くりかえし作る料理には自信が生まれます。「おばあちゃんのお芋の煮っころがし」がおいしかったのは、おばあちゃんが料理上手だからではなく、そればかり作っていたから。

自信の持てる料理がひとつでもあると、迷ったときの心の支えにもなります。

この本では、「リアルな有賀家の料理」をベースに、私がスープのレパートリーを考えるときにやっている「同じものをくりかえし作っても違うものに見えるコツ」をあちこちに忍ばせました。選択を増やすのではなく、むしろ選択を減らすことでマンネリを防げるようになっています。このやりかたを覚えれば、料理は今よりずっと気楽になるはずです。

作り慣れた料理にはこれ以上ない安心感があり、ほっとすることによって体と心も自然に回復していきます。それこそが家庭料理の素晴らしさではないでしょうか。この本の中にくりかえし作ってもらえて、自分と大切な家族にとって安心と回復を得られるような一皿がひとつでもみつかれば、私にとってこの上ない喜びです。

もくじ

はじめに 6

1章 ボリューム満点！定番をちょっと新しく

味つけで七変化！ しょうが焼き

- 甘くないしょうが焼き 14
- 青ねぎどっさり甘いしょうが焼き 16
- 塩しょうが焼き薬味のせ 18
- 味噌しょうが焼き 19
- 鶏の紅しょうが焼き 20

シャッキリ仕上がる炒め上手

- 大きなピーマンのチンジャオロースー 22
- 牛肉とチンゲンサイのさっぱり炒め 24
- 豚なす味噌炒め 26
- 豚肉と豆苗の梅醤油炒め 27
- カラフル青椒肉絲（チンジャオロースー） 28

翌日もっとおいしくなる

- 鶏とじゃがいもの揚げ漬け 30
- 鶏と夏野菜の揚げ漬け 32
- サバのマスタード揚げ漬け 34
- ふっくらからあげ 35
- 油淋鶏（ユーリンチー） 36

ソースで飽きない「チキンの王道」

- トマトソースのチキンソテー 38
- きのこソースのチキンソテー 40
- たまねぎソースのむね肉ソテー 42
- お醤油アボカド添えむね肉ソテー 43
- 鶏のてり焼きどんぶり 44

Column 1 レシピ未満のおいしい食べ方
安くていい感じの刺身パックをみつけた日 46

2章 やさしい味に、お腹も心も満たされる

罪悪感のない「さらっとシチュー」

- かぶとチキンのあっさりシチュー ……… 48
- かぶのサーモンシチュー ……… 50
- レーズン入り鶏のトマトシチュー ……… 52
- 大根とスペアリブのあっさり塩スープ ……… 53
- グヤーシュ ……… 54

組み合わせ無限大「いろいろ重ね蒸し」

- キャベツと豚バラの重ね蒸し ……… 56
- れんこんと豚バラの重ね蒸し ……… 58
- かぼちゃと豚バラの重ね蒸し ……… 60
- 千切りキャベツとささみの塩バター蒸し ……… 61
- キャベツと鮭のちゃんちゃん焼き風重ね蒸し ……… 62

おいしくて作りやすい「ゆで魚」

- ぶりのねぎだれ ……… 64
- たらの梅おろし ……… 66
- サバのピリ辛だれ ……… 68
- 鮭のタルタルソース ……… 69
- ぶりしゃぶときゅうり、パクチーのサラダ仕立て ……… 70

Column 2 レシピ未満のおいしい食べ方
きゅうりとたまねぎだけでも ……… 72

3章 かんたんなのに華のある一皿

ふっくら衣をつければあら、新鮮

- 鶏のピカタ ── 74
- めかじきのチーズピカタ ── 76
- 春菊のピカタ ── 78
- なすのお焼き ── 79
- かきのピカタ ── 80

ふんわり食感がレンジで実現！

- しょうがあんのレンジ蒸しハンバーグ ── 82
- 中華あんかけレンジ蒸しハンバーグ ── 84
- レンジ蒸しちぎりバーグ ── 86

さぁ！ なんでも蒸してみて

- 蒸すだけ！ 温野菜盛り合わせ ── 88
- レタスともやしのシャキシャキ蒸し ── 90
- ブロッコリーとトマトのホットサラダ ── 91
- 長芋とごぼうのほっくり蒸し ── 92
- じゃがいもととうもろこし蒸し ── 93
- ソースで楽しむちいさな蒸しおかず ── 94

Column 3 レシピ未満のおいしい食べ方
汁物を作るのが面倒だったら
「お椀」で作ればいいじゃない！ ── 96

4章 気負わずパッと！ 麺とごはん

食べたくなったら即作ろう
「フライパンカレー」

● サバ缶とじゃがいものカレー ……… 98
● ツナと卵のルーカレー ……… 100
● なすとズッキーニのベジカレー ……… 102
● ひよこ豆の和風キーマカレー ……… 103
● クイックバターチキン ……… 104

シンプル気楽な「ボリューム麺」

● 白いミートソースのスパゲッティ ……… 106
● きのこのヴィーガンボロネーゼ ……… 108
● キャベツとひき肉のスパゲッティ ……… 110
● レトルトに肉増しで本格ボロネーゼ ……… 111
● じゃじゃ麺風あえ麺 ……… 112

野菜で手軽に！「炊き込みごはん」

● 青ねぎどっさり、
　きのこの炊き込みごはん ……… 114
● にんじんとチーズの
　炊き込みごはん ……… 116
● しょうがと油揚げの
　炊き込みごはん ……… 118
● さつまいもの
　バターライス ……… 119
● トマトとアボカドの
　メキシカンライス ……… 120

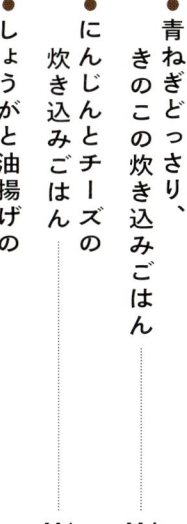

Column 4 レシピ未満のおいしい食べ方
自分を甘やかしたい
ときのおやつとは ……… 122

おわりに ……… 123

［この本の使い方］

- ●材料は2人分を基準としています。
- ●計量の単位は、小さじ1は5㎖、大さじ1は15㎖です。
- ●塩は精製塩（小さじ1＝6g）を基準にしています。粗塩の場合は調節してください。
- ●加熱時間は目安です。火力や鍋の大きさによっても変わってきますので、様子を見ながら調理してください。
- ●電子レンジは600ワットを基本としていますが、機種によって加熱時間が異なる場合があります。

おなかぺこぺこも
大満足。

1章

ボリューム満点！
定番をちょっと新しく

甘くない しょうが焼き

材料（2人分）
豚肉（肩ロース薄切り）…200g
たまねぎ…½個（100g）
サラダ油…大さじ1〜2
しょうが…20〜30g

A｜酒…大さじ2
　｜醤油…大さじ1と½
　｜酢…小さじ1

キャベツの千切り

作り方

1 切る
たまねぎは薄切りにする。豚肉は食べやすい大きさに切る。

2 たれを作る
しょうがをすりおろし、Aとよく混ぜ合わせておく。

3 焼く
フライパンに油を熱し、たまねぎを入れてしんなりするまで中火で炒める。たまねぎを寄せ、空いたところに豚肉を広げて入れ、両面火を通す（油が足りなかったら少し足す）。

4 たれで味をつける
2を加え、全体を混ぜ合わせる。皿に盛り、キャベツの千切りを添える。

有賀メモ ‖ たれは事前に混ぜておくのがポイントです。キャベツの千切りの代わりに、レタスの千切りもおすすめ。シャキシャキ食感のものを合わせましょう。

ココがポイント！

フライパンを傾けてたれを沸騰させてから、肉とたまねぎにからめます。

青ねぎどっさり 甘いしょうが焼き

材料（2人分）
豚肉しょうが焼き用(やや厚めのもの)…200g
片栗粉…大さじ1
サラダ油…大さじ1

A
　しょうが…20g
　砂糖…大さじ½
　みりん…大さじ1
　酒…大さじ1
　醤油…大さじ1と½

青ねぎ…6〜7本

作り方

1_ 切る
青ねぎは小口切りにする。豚肉は3か所ほど
筋切りをし、酒少々（分量外）をふって片栗粉
をまぶす。

2_ たれを作る
Aを合わせて砂糖を溶かすようによく混ぜる。

3_ 焼く
フライパンに油を中火で熱し、肉を広げ入れ
2〜3分焼く。焼き色がついたら肉をひっく
り返して、1分ほど焼く。

4_ たれで味をつける
肉を片側に寄せ空いたところに**2**を加えて少
し沸かしてから味をからめる。肉だけを皿に
取りだして、残ったたれを沸かすように煮詰
め、とろりとしたら肉にかける。青ねぎをた
っぷりのせる。

有賀メモ ‖ 肉の筋切りは、キッチンばさみを使うと簡単。脂身と
肉の間に筋があります。青ねぎがないときは、たまねぎのスライス
や長ねぎの千切りをのせるとまた違う味わいに。

塩しょうが焼き 薬味のせ

材料（2人分）

豚バラ肉薄切り
　…200g
青ねぎ… 2本
みょうが… 2個
大葉… 3枚
ごま油…大さじ½
しょうが…30g

A
酒…大さじ2
塩…小さじ⅓
水…大さじ1
片栗粉…小さじ¼
（ほんのちょっと）
黒胡椒…少々

有賀メモ ‖ ミックス薬味には三つ葉やパクチー、スプラウトなどもおすすめ。

作り方

1_ 切る

青ねぎは小口切り、みょうがは薄切り、大葉は千切りにしてふんわり合わせておく。肉は食べやすく切っておく。

2_ たれを作る

しょうがをすりおろし、Aと一緒に混ぜ合わせておく。

3_ 焼く

フライパンに油を熱して中火で豚肉を炒める。

4_ たれで味をつける

肉を少し寄せて空いたところに2を加えて沸騰させ、とろみがついたら全体をよく混ぜ合わせる。皿に盛り、薬味をトッピングする。

材料（2人分）

豚肩ロース
　薄切り…200g
たまねぎ…½個
サラダ油…大さじ½
しょうが…20g

A
| 砂糖…大さじ½
| 酒…大さじ2
| みりん…小さじ1
| 味噌…大さじ1と½
| 醤油…大さじ½

黒胡椒…少々

有賀メモ ‖ しょうががないと
きは、にんにくのすりおろしに
変えてみて！　つけ合わせに冷
やしトマトをのせて、トマトと
お肉を一緒に食べてもおいしい
です。プチトマトでも！

作り方

1_ 切る

たまねぎは薄めのくし切りにする。肉は食べや
すく切る。

2_ たれを作る

しょうがをすりおろし、Aと一緒に混ぜ合わせ
ておく。

3_ 焼く

フライパンに油を中火で熱し、たまねぎを入れ
てしんなりするまで炒める。フライパンの片側
にたまねぎを寄せて空いたところに肉を広げて
入れ、あまり動かさないようにして両面焼く。

4_ たれで味をつける

肉をフライパンの端に寄せ、空いた部分に2を
加え、軽く沸かしてから全体をよく混ぜ合わせ
る。皿に盛り黒胡椒をふる。

味つけで七変化！ しょうが焼き

味噌しょうが焼き

鶏の紅しょうが焼き

材料（2人分）

鶏もも肉… 1枚
サラダ油…大さじ1

A
酒…大さじ2
醤油…大さじ1
酢…小さじ1
水…大さじ1

紅しょうが(千切り)…大さじ1ぐらい
キャベツの千切り

作り方

1_ 切る

肉は10〜12個の一口サイズに切り分け、ごく薄く塩をふる(分量外)。

2_ たれを作る

Aを合わせて混ぜておく。

3_ 焼く

フライパンに油を熱して肉を皮から中火で焼く。4〜5分皮を焼いたら返して、きれいな焼き目がついていたらさらに1〜2分焼く。

4_ たれで味をつける

2を加えて全体を混ぜながら味をからませ、紅しょうがをさっと混ぜ合わせて火を止める。皿に盛りキャベツの千切りを添える。

有賀メモ ‖ 鶏肉は角切りよりやや細めに切ると火が早く通ります。味つけの醤油をソースに変えてもOK。そのときは青のりをトッピングすると合います。

大きなピーマンのチンジャオロースー

材料（2人分）

牛肉細切れ…150g

ピーマン…4個

※ジャンボピーマンなら3個

長ねぎ…½本

サラダ油…大さじ1

A
　酒…大さじ1
　醤油…大さじ1
　砂糖…小さじ1
　塩…ひとつまみ

作り方

1_ 切る

　ピーマンはタテ¼に切り、種はのぞく。長ねぎは斜めに薄切り、牛肉は食べやすい大きさに切る。

2_ 調味料を混ぜる

　Aを器に入れて砂糖が溶けるようよく混ぜておく。

3_ 炒める

　フライパンに油を中火で熱し、ピーマンと長ねぎを広げて入れ、動かさないようにして焼く。2～3分したらフライパンの片端に寄せ、牛肉を広げながら入れて炒める。

4_ 調味料を加えてあえる

　肉の色が変わったらこれも寄せ、フライパンの空いたところに直に**2**を入れて沸騰させ、全体をさっとあえるように混ぜて火を止める。

有賀メモ ‖ もたつくと水っぽくなるので、調味料は必ず先に混ぜておきましょう。牛肉ではなく、豚肉の薄切りでもおいしくできます。豚肉は火を完璧に通したいので牛肉より早めに入れます。

ココがポイント！

肉も野菜も、
フライパンに
広げるようにし、
なるべく箸で触らない。
焼きつけるように炒める。

牛肉とチンゲンサイの さっぱり炒め

材料（2人分）

牛肉細切れ…150g

チンゲンサイ… 1 株(150g)

長ねぎ…½本

サラダ油…大さじ 1

A

酒・醤油…各大さじ 1

砂糖…小さじ 1

塩…ひとつまみ

作り方

1_ 切る

チンゲンサイはヨコ⅓に切り、茎の部分は大きさによって6つ割りか8つ割りにする(根元は泥が入っていたら洗い流す)。長ねぎは斜めに薄切り、肉は食べやすい大きさに切る。

2_ 調味料を混ぜる

Aを器に入れて砂糖が溶けるようよく混ぜておく。

3_ 炒める

フライパンに油を中火で熱し、チンゲンサイをまず茎を広げて入れて1分、そのあと葉の部分と長ねぎを広げて入れ動かさないようにして焼く。2〜3分炒めたら、フライパンの片端に寄せ、肉を広げながら入れ、炒める。

4_ 調味料を加えてあえる

肉の色が変わったらこれも寄せ、フライパンの空いたところに直に**2**を入れて沸騰させ、全体をさっとあえるように混ぜて火を止める。

有賀メモ ‖ チンゲンサイのほか、小松菜や水菜、ほうれんそうなど、いろいろな青菜でやってみてください。副菜におそうざいを買うなら、かぼちゃの煮物や卵焼きなど、ちょっと甘いおかずを。

豚なす味噌炒め

材料（2人分）

豚バラ肉…150g
なす…3個
にんにく…1片
サラダ油…大さじ2〜3

A
| 味噌…大さじ1 |
| 砂糖…大さじ½ |
| みりん…大さじ1 |
| 水…大さじ1 |
| 醤油…少々 |

作り方

1_ 切る

なすは乱切りに、にんにくは薄切りにする。肉は食べやすく切って酒少々（分量外）をふる。

2_ 調味料を混ぜる

Aをよく混ぜ合わせておく。

3_ 炒める

フライパンに油をひいて中火で熱し、なすを並べて炒める。皮の方から入れると色鮮やかになる。なすにある程度火が通ってきたら片側に寄せ、肉とにんにくを広げるように入れて2〜3分で表裏焼く。

4_ 調味料を加えてあえる

肉に火が通ったらこれも寄せ、空いたところに2を加え、沸いたら全体を大きく混ぜ、火を止める。

有賀メモ ‖ なすは油を吸うので、他の野菜より少し油を多めで調理します。青じそを刻んで最後に混ぜ込むと、さわやかな味噌炒めになります。

材料（2人分）

豚肉薄切り…150g
豆苗…1袋
サラダ油…大さじ1
梅干し…1個
A ┃ 酒…大さじ1
　 ┃ 醤油…少々

作り方

1 切る

豆苗は根を切り落とし、½に切る。肉は食べやすい大きさに切り、酒少々（分量外）をふる。

2 調味料を混ぜる

梅干しを包丁でたたいて、Aを混ぜる。

3 炒める

フライパンに油をひいて中火で熱し、豚肉を広げて2〜3分焼く。肉を寄せ、豆苗を広げて入れ、1分動かさずに加熱する。

4 調味料を加えてあえる

豆苗と肉を寄せ、空いたところに2を加えて、沸いたら全体を大きく混ぜ、火を止める。

有賀メモ ┃ 意外ですが、豆苗を長芋の拍子木切りに変えるのも合います。長芋はあまり動かさず、豆苗よりは長めに加熱します。

シャッキリ仕上がる炒め上手

豚肉と豆苗の梅醤油炒め

カラフル青椒肉絲（チンジャオロースー）

材料（2人分）
牛肉焼き肉用(肩ロースなど)…150g

A | 酒…大さじ1
| 醤油…小さじ2
| 片栗粉…少々

パプリカ(赤・黄)…各½個
長ねぎ…½本
サラダ油…大さじ1

B | 酒…大さじ1
| 塩…小さじ⅓
| 胡椒…少々

ごま油…少々
※肉は少し脂がついたものが向いています

作り方

1_ 切って肉に下味をつける
パプリカは細切り、長ねぎはタテ半分に切ってからななめ薄切りにする。肉は細切りにし、**A**の酒、醤油をからめて片栗粉をまぶす。

2_ 調味料を混ぜる
Bをよく混ぜ合わせておく。

3_ 炒める
フライパンに油を入れて中火で熱し、パプリカと長ねぎを炒める。1〜2分炒めたら片側に寄せ、空いたところに肉を入れて広げさらに2分ほど炒める。

4_ 味つけする
野菜と肉を合わせて**2**を加え、ごま油をふって全体を混ぜ合わせる。

有賀メモ ‖ 買ってきた春巻きを添えたら、本格中華の献立です。
パプリカを緑のピーマン千切りに変えると、日常感のある青椒肉絲になります。

鶏とじゃがいもの揚げ漬け

材料（2人分）

鶏もも肉…1枚
じゃがいも…2個
長ねぎ…½本
片栗粉…適量
サラダ油…適量
A 醤油…大さじ2
みりん…大さじ2

作り方

1_ 切る

じゃがいもはよく洗って皮つきのまま¼〜⅙に切る（芽は除く）。耐熱容器に入れてラップをかけ、電子レンジ600Wで3分加熱しておく。長ねぎはななめのぶつ切りにする。鶏もも肉は食べやすいサイズに切り、塩と胡椒（分量外）を薄くふり、片栗粉をまぶす。

2_ たれを作る

Aを耐熱容器に入れ、ラップをせずに電子レンジ600Wに1分かける。

3_ 野菜と鶏を揚げ焼きする

深型のフライパンに油を2cmほど入れて中火にかけ、冷たいうちに水気をふいたじゃがいもと肉を入れて、6〜7分揚げ焼きする。最後の方で長ねぎも足して素揚げする。

4_ たれをかける

肉と野菜の油を切って皿に並べ、熱いうちに**2**のたれをかける。すぐに食べてもいいし、2〜3時間以上置くと味がしみておいしい。

有賀メモ ‖ 鶏とさつまいもの組み合わせもぜひ試してみてください。あと一品には、きゅうりなどさっぱりしたものが相性よしです。

ココがポイント！

なるべく具を重ねないようにして、たれがまんべんなく回るように。揚げたてのうちにたれをかけると味がよくしみます。

鶏と夏野菜の揚げ漬け

翌日もっとおいしくなる

材料（2人分）
鶏むね肉… 1 枚
なす… 3 個
いんげん… 6 〜 7 本
片栗粉…適量
揚げ油…適量
A | 醤油・砂糖・酢…各大さじ 2
　 | 水…大さじ 3

作り方

1_ 切る

なすはタテ半分に切ってから 3 等分する。いんげんは食べやすい長さに切る。鶏むね肉は 3 ㎝角ぐらいの大きさに切り、塩と胡椒（分量外）を薄くふって片栗粉をまぶす。

2_ たれを作る

Aを合わせて、砂糖が溶けるまでよく混ぜておく。

3_ 野菜と鶏を揚げ焼きする

深型のフライパンに油を 2 ㎝ほど入れて中火にかけ、冷たいうちに肉を入れて、5 〜 6 分揚げ焼きする。肉が揚がったら油を足し、なすといんげんも素揚げする。

4_ たれをかける

肉と野菜の油を切って皿に並べ、熱いうちに 2 のたれをかける。

有賀メモ ‖ なすは皮のほうから油に入れると色が鮮やかに仕上がります。なすのかわりにズッキーニやパプリカ、かぼちゃなども揚げ漬け向き！

―1章― ボリューム満点！定番をちょっと新しく

32

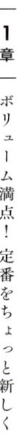

サバのマスタード揚げ漬け

翌日もっとおいしくなる

材料（2人分）

サバの切り身
　… 2枚（約300g）
たまねぎ…½個
パプリカ…½個
　（緑ピーマン1個でも）
片栗粉…適量
揚げ油…適量

A
- 砂糖…大さじ1
- 酢…大さじ2
- 醤油…大さじ2
- 粒マスタード
　…小さじ1

有賀メモ ‖ 片栗粉は少し多めにまぶしてからはたくと、ムラなくつきます！ ビニール袋でやってもOK。

作り方

1_ 切る

サバの切り身は食べやすいサイズに切って、塩（分量外）を薄くふって10分ほどおく。浮いた水をふきとって片栗粉をまぶす。たまねぎとパプリカは薄切りにして、皿に敷いておく。

2_ たれを作る

Aを合わせて、砂糖が溶けるまでよく混ぜておく。

3_ サバを揚げ焼きする

深型のフライパンに油を2cmほど熱し、サバを揚げ焼きにする。油を切って1の野菜の上に並べる。

4_ たれをかける

熱いうちに2のたれをかける。

材料（2人分）

鶏もも肉…1枚
卵…1個
片栗粉…適量
揚げ油…適量

A
　しょうが・
　　にんにくすりおろし
　　…各小さじ½
　酒…大さじ1
　醤油…大さじ1
　ごま油…小さじ1

（好みで）レモン…適量

有賀メモ ‖ 卵をつけることで
ボリュームが出てふっくらしま
す。野菜がほしくなるので、根
菜たっぷりの味噌汁などを一緒
にいかがでしょう！

作り方

1_ 切る

鶏もも肉は1枚を7〜8つに切り、塩と胡椒（分量外）を薄くふる。

2_ 下味をつける

ビニール袋にA、1を入れ、外からもんで味をなじませてから袋の口をしばって冷蔵庫に入れ、30分〜2時間ほど置く。

3_ 卵にくぐらせて粉をまぶす

ボウルに卵を溶く。ビニール袋から肉を出して、卵のボウルに入れて混ぜる。水気をペーパーなどでおさえ、片栗粉をまぶす。

4_ 揚げる

深型のフライパンに油を2〜3cm入れ、油が冷たいうちに肉を並べ入れ、中火にかける。5〜6分揚げておいしそうな色になったら最後30秒ほどは火を強め、カリッと揚げる。好みでレモンを添える。

これだけは揚げたてをどうぞ

ふっくらからあげ

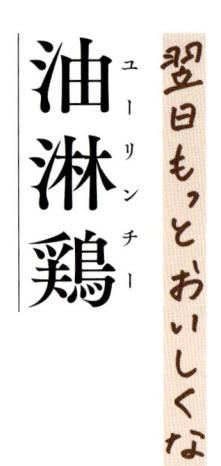

油淋鶏（ユーリンチー）

鶏肉を切ってから
揚げれば簡単

材料（2人分）
鶏もも肉…1枚
片栗粉…適量
揚げ油…適量
長ねぎ…½本
しょうが…1片
レタス…小½個
A 砂糖・酢・醤油…各大さじ1と½
ごま油…小さじ1

作り方

1 切る
レタスは1cm程の幅に細切りにし、皿にふんわり盛りつける。鶏もも肉は幅2〜3cmに切り、下味の塩と胡椒（分量外）を薄くふり、片栗粉をしっかりまぶしつけて余分な粉を落とす。

2 たれを作る
長ねぎとしょうがをみじん切りにしてボウルに入れ、**A**を加えてよく混ぜ、たれを作る。

3 鶏を揚げる
深型のフライパンに油を2cmほど入れ、鶏肉の皮を下にして入れ、中火から中弱火で途中上下を返しながらゆっくり揚げる。カリッと揚がったら鶏の油を切る。

4 たれをかける
3をレタスの上に盛りつけ、**2**をまわしかける。

有賀メモ ‖ 皮目がきつね色になるまで、むやみにさわらないのがカリカリに揚げるコツ。たれの長ねぎをたまねぎに変えると気分が変わります。

トマトソースのチキンソテー

材料（2人分）

鶏もも肉… 2枚
塩…小さじ1（鶏肉の重さの約1％）
プチトマト… 1パック
にんにく… 1片
オリーブオイル…大さじ2
塩・胡椒…各少々

作り方

1_ 鶏の下ごしらえ

プチトマトはヘタを取り半割りにする。にんにくは薄切りにする。鶏もも肉は皮を下にして厚みのある部分に軽く切り込みを入れ、表裏に塩小さじ1をふって、10分ほど置いて浮いた水分をふきとる。

2_ 鶏を焼く

フライパンに油をひいて中火にかけ、鶏の皮を下にして入れる。皮目がまんべんなく焼けるよう、ヘラをぎゅっと押しつけるようにして7〜8分焼く。こんがり焼き目がついたら裏返して中弱火にする。

3_ トマトを加えてソースを作る

ひっくり返した鶏の周囲ににんにくを入れ、プチトマトを加えて2〜3分加熱し、トマトから水分が出てきたら火を止める。

4_ 肉を切ってソースをかける

肉を取り出し、食べやすく切って皿にのせる。フライパンに残ったトマトをざっと混ぜて塩と胡椒で味をととのえ、肉にかける。

有賀メモ ‖ 皮をしっかり焼くのがコツ！　焼きあがった鶏を切るときは、皮を下にして切るとうまくいきます！

ココがポイント！

鶏の皮は反り返るので、フライパンに皮を押しつけながら焼きます。皮の焼きが足りないと香ばしさが出ないのでしっかりと。

きのこソースの
チキンソテー

材料（2人分）

鶏もも肉… 2枚

塩…小さじ 1（鶏肉の重さの約 1％）

好みのきのこ（2〜3種ミックスして）…150g

にんにく… 1片

オリーブオイル…大さじ 2

A
- 酢…小さじ 2
- みりん…小さじ 2
- バター…10g
- 胡椒…少々

塩・胡椒…各少々

作り方

1_ 鶏の下ごしらえ

きのこは手で割くか食べやすい大きさに切る。にんにくは薄切りにする。鶏もも肉は皮を下にして厚みのある部分に軽く切り込みを入れ、表裏に塩をふって、10分ほど置いて浮いた水分をふきとる。

2_ 鶏を焼く

フライパンに油をひいて中火にかけ、鶏の皮を下にして入れる。皮目がまんべんなく焼けるよう、ヘラをぎゅっと押しつけるようにして 7〜8分焼く。こんがり焼き目がついたら裏返して中弱火にする。

3_ きのこを加えてソースを作る

ひっくり返した鶏の周囲ににんにくを入れ、きのこを加えて 3分ほど加熱する。きのこがしんなりしたら **A** を加える。

4_ 肉を切ってソースをかける

肉を取り出し、食べやすく切って皿にのせる。フライパンに残ったきのこをざっと混ぜて味を見て塩と胡椒で味をととのえ、肉にかける。

有賀メモ ‖ 最初にふる塩を減らして、醤油味をつけると和風ソースに。パセリ、バジル、青じそなどのハーブをたっぷり加えてもおいしいです。

たまねぎソースのむね肉ソテー

材料（2人分）

鶏むね肉… 1枚
たまねぎ…½個
塩…小さじ⅓
酒…大さじ2
オリーブオイル
　…大さじ1
A
　みりん
　　…大さじ1
　醤油…大さじ1
　酢…大さじ½
　塩…少々
黒胡椒…少々
※鶏は冷蔵庫から出し
　30分ほど置いて室温
　に戻す

作り方

1_ 鶏の下ごしらえ

たまねぎは粗みじん切りにする。鶏むね肉は皮をなるべく伸ばして広げ、表裏に塩をふる。

2_ 鶏を焼く

フライパンに油を薄くひき、鶏の皮を下にして置いてから弱火で焼く。12〜15分できれいな焼き目がついたら鶏を裏返し、酒を加えてふたをして弱火で3〜4分蒸し焼きする。皿に取り出してアルミホイルをかけ、そのまま5分ほど休ませる。

3_ たまねぎでソースを作る

鶏を焼いたフライパンに油（分量外）を少し足し、1のたまねぎを入れ、中火で炒める。しんなりしたら、Aを入れ、煮詰めていく。

4_ 肉を切ってソースをかける

鶏を切って皿にのせ、3をかけ、黒胡椒をふる。

材料（2人分）

鶏むね肉…１枚
アボカド…１個
片栗粉…適量
オリーブオイル
　　…大さじ１

A
| 醤油…大さじ１
| オリーブオイル
| 　　…小さじ２
| 胡椒…少々

有賀メモ ‖ お醤油アボカドは、肉料理にぴったり。ポークソテーや薄切り肉を炒めたものに添えてもおいしいです。

作り方

1_ 鶏の下ごしらえ

鶏むね肉は厚さ１cm弱のそぎ切りにする。表裏に塩と胡椒（分量外）を薄くふって、片栗粉をまぶす。

2_ 鶏を焼く

フライパンに油をひいて中火で熱し、**1**の鶏を並べる。表に焼き目がついたものからひっくり返し、中弱火にして、２分ほど焼いて皿に盛りつける。

3_ アボカドをあえる

アボカドは半割りにして種をとり、皮をむいて薄切りにする。ボウルなどに入れて**A**を加えてさっとあえ、焼いた鶏に添える。

お醤油アボカド添え
むね肉ソテー

ソースで飽きない「チキンの王道」

これもチキンソテーの
アレンジ！

鶏のてり焼きどんぶり

材料（2人分）

鶏むね肉…1枚
片栗粉…適量
サラダ油…小さじ2
A│砂糖、酒、醤油、みりん…各大さじ1
ごはん…適量
（好みで）のり、わさび少々など

作り方

1_ 鶏の下ごしらえ

鶏むね肉は厚さ1cm弱のそぎ切りにして、酒と塩（分量外）を薄くふり、片栗粉をまぶす。Aを容器に入れ、砂糖が溶けるようよく混ぜておく。

2_ 鶏を焼く

フライパンに油をひいて中火で熱し、**1**の鶏を並べる。表に薄く焼き目がついたものからひっくり返し、中弱火にして2〜3分、赤い部分が見えなくなるまで焼く。

3_ たれを加える

鶏を片側に寄せ、空いたところに混ぜたたれを加え、フライパンを少し傾けてたれを沸騰させる。フライパンをゆすりながらたれを鶏にからめつつ火を入れる。

4_ ごはんにのせる

とろみがついたら、どんぶりに盛ったごはんに鶏を並べる。好みでのりやわさびを添える。

有賀メモ ‖ たれで煮る間にも火が通っていくので、たれを加える段階では完璧に焼けていなくても大丈夫。気になるときは端っこの部分を取り出して切ってみると火の通りがわかります。

安くていい感じの刺身パックをみつけた日

　夕方のスーパーで刺身パックが安くなっているのに出会うと、嬉しくなりますよね。私はよく買ってきた刺身に醤油とごま油、ほんのちょっぴりのにんにくのすりおろしを混ぜた中華風のヅケにしています。ねぎのみじん切りやごまなどの薬味も足すと、ごま油の風味とよく合って、ごはんのおともにも、ビールや焼酎が進むおつまみとしてもいいものです。まぐろだけでなく、ぶりやはまち、鯛、サーモン、帆立貝柱など、魚の種類にかかわらず作れますし、青魚などの生臭さもごま油と薬味でうまく消えます。薬味はしょうがや青じそなど家にそのときあるもので。わさびと醤油で食べるより、うちでは出番が多いかもしれません。

刺身パックの中華風漬け

[材料]
・好きな刺身(ここではまぐろ)
・にんにくすりおろし(チューブでも)
・醤油　・ごま油　・刻みねぎ　・ごま

[作り方]
まぐろの刺身に、にんにくすりおろし、醤油、ごま油を適量混ぜ、刻みねぎやごまをのせる。にんにくをしょうがに、トッピングを青じそ、みょうが、青ねぎなどに変えてもよい。

2章

やさしい味に、お腹も心も満たされる

ほっとしたい、そんなときに。

罪悪感のない「さらっとシチュー」

かぶとチキンの
あっさりシチュー

材料（2〜3人分）

鶏むね肉…200g

かぶ… 3 個（大きいものであれば 2 個でも）

長ねぎ…½本

牛乳…200㎖

バター…10g

A
- 小麦粉…大さじ 1
- 塩…小さじ⅔
- 水…300㎖

作り方

1 下ごしらえ

かぶはヘタから切り落とし 6 つ割り（大きさによっては 8 つ割り）にする。長ねぎはみじん切りにする。鶏むね肉は 3 ㎝角のサイズに切って塩と胡椒（分量外）を薄くふる。

2 シチューのベースを作る

Aの小麦粉大さじ 1 を同量の水でまず溶いてから、塩と水を加えて溶く。鍋を中火にかけ、長ねぎをバターで炒める。混ぜたAを加え、かぶを入れてときどき底からかき混ぜながら煮込む。

3 鶏を煮て仕上げる

かぶがやわらかくなったら鶏むね肉と牛乳を加えて、 3 〜 4 分煮る。かぶの葉少量を、 3 〜 4 ㎝に切って加える。味を見て塩（分量外）でととのえ、火を止めて 2 〜 3 分置く。

有賀メモ ‖ かぶの皮はむくとやわらかく食べられますが、煮崩れしやすくなるので、煮返して食べるようなときは皮をつけたまま切るのがおすすめです。

ココがポイント！

小麦粉はダマにならないよう、少量の水でよく溶いてから残りの水でのばします。

かぶのサーモンシチュー

材料（2人分）

生鮭切り身… 2～3切れ(200g)
かぶ… 3個(大きいものであれば2個でも)
長ねぎ…½本
牛乳…200㎖
バター…10g

A ┃ 小麦粉…大さじ1
　 ┃ 塩…小さじ⅔
　 ┃ 水…300㎖

作り方

1_ 下ごしらえ

かぶはヘタから切り落とし、6つ割り(大きさによっては8つ割り)にする。長ねぎはみじん切りにする。鮭は食べやすく切って塩と胡椒(分量外)を薄くふり、10分ほど置いてペーパーで水気をとる。

2_ シチューのベースを作る

Aの小麦粉大さじ1を同量の水でまず溶いてから、塩と水を加えて溶く。鍋を中火にかけ、長ねぎをバターで炒める。そこに混ぜたAを加え、かぶを入れてときどき底からかき混ぜつつ煮込む。

3_ 鮭を煮て仕上げる

かぶがやわらかくなったら牛乳と鮭を加え、3分ほど煮る。かぶの葉少量を、細かく切って加える。味を見て塩(分量外)でととのえ、火を止めて2～3分置く。

有賀メモ ‖ 小麦粉は大さじ1だとサラサラ、大さじ2入れると自然なとろみがつきます。二度目からは好みで小麦粉の量を調節しましょう。

レーズン入り 鶏のトマトシチュー

材料（2人分）

鶏の手羽元…6本
好みのきのこ（ここでは
　しめじ小1パック・
　えのき½パック）…200g
たまねぎ…½個
オリーブオイル…大さじ1

A｜
　小麦粉…大さじ1
　塩…小さじ⅔
　トマトジュース
　　…200ml
　水…300ml

レーズン…大さじ2

有賀メモ ‖ ドライフルーツを
トマト味のシチューに加える
と、やさしい甘さで酸味がやわ
らぐのでおすすめ。プルーンや
ドライいちじくも合います！

作り方

1_ 下ごしらえ

きのこはいしづきを取り、食べやす
い大きさに切るか手で割る。たまね
ぎは薄切りにする。手羽元に塩と胡
椒（分量外）を薄くふる。

2_ シチューのベースを作る

鍋を中火にかけ、たまねぎを油で炒め、
手羽元を加える。Aの小麦粉を同量の
水でまず溶いてから、塩、トマトジュ
ース、水を加えて溶き、鍋に加えて
煮立てる。沸騰したらアクをすくう。

3_ 煮込む

きのことレーズンも加え、ふたをず
らしてかけて20分ほど弱火で煮込
む。味を見て塩と胡椒（分量外）でと
とのえる。

大根とスペアリブのあっさり塩スープ

罪悪感のない「さらっとシチュー」

材料（2人分）

豚スペアリブ…400g
大根…7〜8cm
しょうが…1片
水…1200ml
塩…小さじ1弱
胡椒…少々
刻みねぎ…適量
（好みで）柚子胡椒など

有賀メモ ‖ スペアリブは、長い場合は食べやすい大きさに切ってもらいましょう。精肉店なら快く対応してくれます！レタスに韓国のりをちぎってのせたサラダがぴったりです。

作り方

1_ 野菜を切る

大根は、皮をむいてタテ半分または4つ割りにする。しょうがは薄切りにする。

2_ 肉と野菜を煮込む

大根としょうが、スペアリブを鍋に入れ、水を加えて中火にかける。沸騰してアクが出てきたらすくい、火を弱火にしてそのまま50分〜1時間、大根に串を刺してみてすっと通るまで煮込む。

3_ 味つけする

塩を加えて胡椒と刻みねぎをふる。好みで柚子胡椒を添えても。

材料（2〜3人分）

牛肉シチュー用またはステーキ用…300g

　※脂がついているもの

たまねぎ…1個

にんじん…小1本

じゃがいも…2個

にんにく…1片（チューブでもOK）

トマトジュース…200㎖

　※無塩のもの

水…300㎖

パプリカパウダー…大さじ1

塩…小さじ1

胡椒…少々

サラダ油…大さじ1

作り方

1＿下ごしらえ

　たまねぎは2㎝角、にんじんはタテ半分に切ってから2㎝幅に、じゃがいもは皮をむいて2㎝角に切る。牛肉は2〜3㎝角に切り、薄く塩と胡椒（分量外）をふる。

2＿シチューのベースを作る

　鍋に油を熱し、たまねぎを炒める。すりおろしたにんにく、パプリカパウダー、塩を加えて全体に色がなじむまで炒める。

3＿肉と野菜を煮込む

　牛肉、にんじん、じゃがいもを加え、トマトジュースと水を加えて煮立てたら、火を弱めてふたをずらしてかけ、そのまま20〜30分ほど煮込む。味を見て、塩（分量外）で味をととのえる。

有賀メモ ‖ パプリカは唐辛子のように赤いですが、まったく辛くないスパイスです。スパイス売り場にパウダー状で売っています。パプリカがないときは、唐辛子を少しだけ加えても。

キャベツと豚バラの重ね蒸し

材料（2人分）
豚バラ肉…200g
キャベツ…¼個
水…80㎖
塩…小さじ⅓
ポン酢(または醤油)…適量
(好みで)青のり、かつお節

作り方

1_ 切る

キャベツは手で食べやすい大きさにちぎる。
豚バラ肉は長い場合は半分の長さに切る。

2_ キャベツと肉を重ねる

キャベツ⅓量を鍋に敷き、肉の⅓量をずらし
ながら並べる。これをあと2回繰り返す。水
に塩を混ぜたものを回しかける。

3_ 蒸し煮する

鍋にぴったりふたをして中火にかけ、7〜8
分蒸す。焦げないように、途中ふたをあけて
水が蒸発していないか確認する。水がなくな
っていたら少し足す。キャベツがやわらかく
煮えたら、好みで青のりとかつお節をかける。
ポン酢や醤油を添える。

有賀メモ ‖ ポン酢もいいけど、青のり・かつお節とくれば、ウス
ターソースも合います！

ココがポイント！

葉物の場合、
最初はかさがありますが、
蒸し煮すると
半分ぐらいになります。
思い切って
たっぷりのせて大丈夫。

れんこんと豚バラの重ね蒸し

材料（2人分）
豚バラ肉薄切り…150g
れんこん…200g
水…50mℓ
塩…少々
青ねぎ…少々
ポン酢(または醤油)…適量

作り方

1_ 切る

れんこんはよく洗ってふんわりラップをかけ、600Wのレンジに1分半かけてから、薄切りにする。豚バラ肉は7〜8cm幅に切る。

2_ れんこんと肉を重ねる

れんこん½量を深型のフライパンに並べ、肉½量をずらしてのせ、塩(分量外)を薄くふる。これをもう一度繰り返す。水に塩を混ぜたものを加える。

3_ 蒸し煮する

ふたをしっかりして10分ほど蒸し煮する。途中ふたをあけてみて、水が減っていたら足す。出来上がったら青ねぎを散らし、ポン酢や醤油をかけながら食べる。

有賀メモ ‖ れんこんを蒸し煮する間に、油揚げに味噌を少量のみりんでゆるめたものを塗って、オーブントースターへ。軽い食感の副菜になります。刻んだ青ねぎかごまをふっても。

かぼちゃと豚バラの重ね蒸し

材料（2人分）

豚バラ肉…150g
かぼちゃ
　　…¼個（約200g）
塩…少々
水…50㎖

A｜マヨネーズ
　　…大さじ3
　カレー粉
　　…小さじ1
　醤油…少々

有賀メモ‖ チーズをのせて蒸し煮しても美味！ かぼちゃを切るときは平らな面を下にして、安定させて切ると危なくありません。

作り方

1_切る

かぼちゃは種をのぞいてふんわりラップをかけ、電子レンジ600Wに2分かけてから、8㎜ほどの厚さに切る。豚バラ肉は7〜8㎝幅に切る。

2_かぼちゃと肉を重ねる

深型のフライパンにかぼちゃ半量を並べ、その上に肉を並べ、塩をふる。残りのかぼちゃと肉を同様に並べる。

3_蒸し煮する

水を加え、ふたをしっかりして10分ほど蒸し煮する。途中ふたをあけてみて、水が減っていたら足す。蒸し上がったら皿にとり、Aを混ぜ合わせたソースを添える。

2章 やさしい味に、お腹も心も満たされる

千切りキャベツとささみの塩バター蒸し

材料（1〜2人分）

鶏ささみ…3本
キャベツ…200g
塩…小さじ1/3
水…大さじ2
酒…大さじ1
バター…少々
レモン…適量

作り方

1_ 切る

キャベツは千切りにして塩を混ぜる。鶏ささみには塩と胡椒（分量外）をふる。

2_ キャベツと鶏を重ねる

鍋にキャベツを入れ、ささみをのせ、水と酒を入れる。

3_ 蒸し煮する

ふたをしっかりしめて、中火で7〜8分蒸し煮する。途中ふたをあけて焦げついていないか確認する。蒸し上がったらバターをのせ、レモンのくし切りを添える。

有賀メモ ‖ メインが軽めのときに、ボリュームあるもう一品としてもどうぞ。ささみの代わりに、そぎ切りにした鶏むね肉1/2枚を使っても。

61

キャベツと鮭の
ちゃんちゃん焼き風重ね蒸し

材料（2人分）

生鮭…3切れ

キャベツ…¼個（約300g）

たまねぎ…½個

にんじん…4〜5cm

しめじ…½パック

A
- 砂糖…大さじ1と½
- 味噌…大さじ3
- 酒…大さじ3
- 醤油、ごま油、七味…各少々
- にんにくすりおろし…少々

サラダ油…少々

水…50㎖

作り方

1_ 下ごしらえ

鮭に塩少々（分量外）をふって、10分ぐらい置き、浮いた水をふきとる。キャベツは手で大きくちぎり、しめじはいしづきをとってほぐす。にんじん、たまねぎは薄切りにする。**A**はボウルに入れてよく混ぜておく。

2_ 鮭を焼いて野菜を重ねる

フライパンに油を薄くひいて中火にかけ、鮭の切り身を入れて動かさないようにして焼く。焼き色がついたらひっくり返し、キャベツ、にんじん、たまねぎ、しめじを広げて鮭の周囲に置き、鮭の上にも重ねる。

3_ たれをかけて蒸し煮する

2に**1**のたれをまわしかけ、水を加え、ふたをしっかりして、中火〜中弱火で約6〜7分蒸す。

有賀メモ ∥ 味噌だれは焦げやすいので、フライパンの様子を時々見ながら、火加減を調節してください。焦げそうなら水を少し加えても。甘辛い味噌だれには白ごはんがぴったり！

ぶりのねぎだれ

材料（2人分）

ぶりの切り身… 2切れ
豆苗…½パック
しょうがの薄切り… 1片分
酒…大さじ1

〈**ねぎだれ**〉

長ねぎ…⅓本

A ┃ ごま油…大さじ1
　　┃ ポン酢…大さじ3

作り方

1_ 下ごしらえ

ぶりに塩（分量外）を薄くふり、10分ほど置いてキッチンペーパーで水をふきとる。豆苗は根元を切り落としておく。

2_ たれを作る

長ねぎはタテ半分に切り込みを入れてからななめ薄切りにする。長ねぎと**A**を混ぜておく。

3_ 魚と野菜をゆでてたれをかける

鍋に湯を沸かし、しょうがと酒を入れ、ぶりを入れて4〜5分ゆでる。ぶりをそっと取り出し水気をしっかり切る。残った湯に豆苗を入れて1分ゆで、水気を切って魚と一緒に皿に盛る。**2**を魚にかける。

有賀メモ ‖ ゆでた魚や野菜の水気をしっかりと切るのがおいしさの秘訣！ タイやサワラなど、白身魚でもおいしい。

ココがポイント！

沸かした湯に酒としょうがを入れるのは、魚の臭み消しのためです。

65

たらの梅おろし

材料（2人分）
甘塩たら… 2切れ
しょうがの薄切り… 1片分
酒…大さじ1
(好みで)醤油…少々
〈**梅おろし**〉
大根… 6〜8cm
梅干し… 1個　※減塩でないもの

作り方

1 梅おろしを作る
大根は皮をむき、すりおろして水気を切り、電子レンジ600Wに1分かける。梅干しの種を取り、包丁でたたいて混ぜておく。

2 魚をゆでて梅おろしをかける
鍋に湯を沸かし、酒としょうがを加える。たらをそっと入れて4〜5分ゆでる。水気を切って皿に盛り1をかけ、好みで醤油をかけて食べる。

有賀メモ ‖ 塩だらを使うと下味をつけなくてよいのでらくちん。生のたらを使う場合は塩をふってしばらく置き、水をふきとってから使います。

材料（2人分）

サバ切り身（塩サバで
ないもの）… 2切れ
ニラ…½束
酒…大さじ1
しょうがの薄切り… 1片分
〈ピリ辛だれ〉

A
砂糖…大さじ1
酒…大さじ1
醤油…大さじ½
酢…小さじ1
塩…少々

ラー油…少々
ごま…小さじ1

有賀メモ ‖ ニラの代わりにもやし
をゆでたものでも。もやしは水っぽ
く味が薄まるので、お湯に塩を加え
て下味をつけましょう。

作り方

1_ 下ごしらえ

サバは塩（分量外）をふり、10分ほど置いて
浮いた水をペーパーなどでふきとる。ニラ
は4〜5cm幅に切る。

2_ ピリ辛だれを作る

Aを耐熱容器に入れて電子レンジ600Wに
30秒かけ、取り出したら、ごまとラー油
を加えてよく混ぜる。

3_ 魚と野菜をゆでてたれをかける

鍋に湯を沸かし、酒としょうがを入れる。
サバを3〜4分ゆでて火が通ったら皿に取
り出し、2を少しかける。残った湯にニラ
を入れて30秒ほどゆで、ザルに上げて湯を
しっかり切る。2の器に入れてあえてゆで
たサバに添える。好みでラー油を追加する。

サバのピリ辛だれ

おいしくて作りやすい「ゆで魚」

— 2章 — やさしい味に、お腹も心も満たされる

材料（2人分）
生鮭…2切れ
アスパラ…3〜4本
しょうがの薄切り…1片分
酒…大さじ1
胡椒…少々
〈タルタルソース〉
卵…2個
らっきょう…3個
マヨネーズ…大さじ4
水…大さじ1

作り方

1　下ごしらえ

鮭に塩（分量外）をふり、10分ほど置いてキッチンペーパーで水をふきとる。アスパラは4〜5cmに切る。

2　タルタルソースを作る

卵を固くゆでて殻をむく。包丁で刻むか、小さめのボウルに入れてフォークなどでつぶす。刻んだらっきょう、マヨネーズを加えて混ぜる。水を少しずつ加えてとろっとさせる。

3　魚と野菜をゆでてソースをかける

鍋に湯を沸かし、酒としょうがを入れる。鮭とアスパラを入れ4〜5分ゆで、そっと取り出して水気を切り、皿に盛ってタルタルソースをかけ、胡椒をふる。

有賀メモ ‖ 私の実家では、みじん切りのゆで卵とたまねぎを銘々が好きなだけ鮭にかけ、上からマヨネーズを絞る「自作タルタル」スタイルでした。

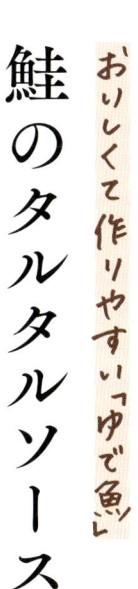

鮭のタルタルソース

おいしくて作りやすい「ゆで魚」

ぶりしゃぶときゅうり、パクチーのサラダ仕立て

材料（2人分）

ぶり（しゃぶしゃぶ用）…150g

きゅうり…1本

パクチー…好みの量

しょうがの薄切り…1片分

酒…大さじ1

A ┃
砂糖…大さじ1
酢…大さじ1
塩…小さじ½
醤油…小さじ½
にんにくすりおろし
　…少々（チューブでもOK）

作り方

1_ 下ごしらえ

きゅうりはスライサーで薄く切り、キッチンペーパーなどにつつんでぎゅっと水気を絞る。パクチーは葉をむしる。

2_ たれを作る

ボウルで**A**をよく混ぜ、きゅうり、パクチーとあえる。

3_ 魚をゆでてたれをかける

鍋に湯を沸かし、しょうがと酒を加え、ぶりを1枚ずつさっとゆでて、水気を切る。ぶりを皿に盛りつけてきゅうりとパクチーをのせ、ボウルに残ったたれを全体にかける。

有賀メモ ‖ しゃぶしゃぶ用のぶりは、秋から冬、鍋の季節になると出回ります。それ以外の季節は刺身用のさくを買って、薄切りにしましょう。魚屋さんなら頼めばやってくれます！

きゅうりとたまねぎだけでも

　わが家の定番はきゅうりの輪切りとたまねぎのみじん切りにフレンチドレッシングをかけるだけのシンプルな一皿ですが、それぞれの工程にちょっとしたコツがあります。きゅうりは、ピーラーで皮をしましまにむいてから切ると、青臭さが抑えられます。たまねぎのみじん切りは水にさらしてギュッと絞って辛み抜き。ドレッシングに絞ったたまねぎを混ぜてからきゅうりにかけるのは、表面がつるりとしたきゅうりに味がからみやすくなるからです。なぜそうするかを知って大切にすると、ありふれた食材と思っていたもののポテンシャルの高さに気づくはず。たかがきゅうりのサラダ、されどきゅうりのサラダです。作ったら野菜から水が出ないうちに食べましょう。

きゅうりとたまねぎのサラダ

[材料]
・きゅうり… 2〜3本
・たまねぎ…中½個
・酢…大さじ1
・オリーブオイル…大さじ3
・塩…小さじ⅓　・胡椒…少々

[作り方]
きゅうりはピーラーでしましまに皮をむいてから、5〜6mmの幅に切り皿に並べる。たまねぎはみじん切りにし、水にさらしてギュッと絞る。酢、オリーブオイル、塩と胡椒をよく混ぜてドレッシングを作ったら、絞ったたまねぎを加えてあえる。これをきゅうりにかける。

3章

かんたんなのに華のある一皿

いつもの食卓がちょっとだけ違う。

鶏のピカタ

材料（2人分）

鶏むね肉…1枚
卵…1個
塩…小さじ⅓
胡椒…少々
片栗粉…大さじ2〜3
オリーブオイル…大さじ1〜2
ケチャップ・好みのソース…各適量

作り方

1_鶏の下ごしらえ

鶏むね肉は薄いそぎ切りにする。塩、胡椒を
薄くふり、片栗粉をまぶす。卵を溶いておく。

2_卵をつけて焼く

フライパンに油をひき、中火にかけて熱する。
鶏肉の両面を卵にひたしてフライパンに並べ、
中弱火で焼く（目安は表2〜3分、裏1分ほど）。

3_ソースを作る

ケチャップとソースを同量混ぜ、焼き上がっ
た**2**に添える。

有賀メモ ‖ 溶いた卵に青のりや刻み青ねぎなどを混ぜてもおいし
いです！　味つけはからし醤油やマヨネーズでも。

ココがポイント！

**鶏肉は斜めに包丁を
入れ、そぐようにする
「そぎ切り」で。
場所によって角度を
変えることで、
大きさが均一になります。**

めかじきの
チーズピカタ

材料（2人分）
めかじき切り身… 2切れ
卵… 1個
粉チーズ…大さじ1
塩…少々
胡椒…少々
片栗粉…大さじ1
オリーブオイル…大さじ1
冷凍ほうれんそう…適量
バター…少々

作り方

1_ 魚の下ごしらえ

めかじきは1切れを3つに切り、塩と胡椒を
ふって10分ほど置き、浮いた水をペーパー
などでとる。片栗粉をまぶす。

2_ 卵をつけて焼く

ボウルに卵を割り入れ、粉チーズを加えてむ
らなく混ぜる。フライパンを中火にかけ油を
熱し、**1**を卵液にくぐらせて、フライパンに
並べて焼く。表3分、裏1〜2分ほど焼いて
火を通す。

3_ つけ合わせを作る

魚を焼いたフライパンで冷凍のほうれんそう
（ゆでたほうれんそうでもOK）をバターで炒め、
塩少々（分量外）をふったものを魚につけ合わ
せる。

有賀メモ ‖ ピカタは火の通りやすい具材が向いています。あまり
厚切りのものより薄めのものがベター。つけ合わせには、ほうれん
そうのほか、薄切りのズッキーニや細めのアスパラを一緒に焼いた
ものでも。

材料（2人分）

春菊…½束
卵…1個
塩…ふたつまみ
片栗粉…大さじ2
サラダ油…大さじ1
ごま…少々
醤油、砂糖…適量
（好みで）ラー油

作り方

1_ 春菊の下ごしらえ

春菊は洗ってよく水気を切り、片栗粉を
まぶしつける。

2_ 卵をつけて焼く

卵をボウルに割り入れ塩を加えて溶き、
春菊の葉を広げて卵をつける。油をひい
て中火で熱したフライパンに春菊を広げ
るようにして入れる。両面1〜2分ずつ
ぐらい焼いて、皿にとる。ごまをふる。

3_ たれを作る

醤油と砂糖を同量で混ぜたたれをかける。
好みでラー油を加えてもおいしい。

有賀メモ ‖ 春菊に水気がつい
たままだとベタつくので、しっ
かりペーパーなどでふきとるの
がコツです。

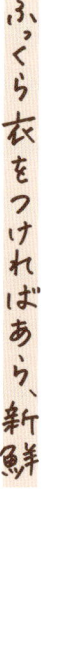

春菊のピカタ

ふっくら衣をつければあら、新鮮

材料（2人分）

なす… 3個

A
| 小麦粉…大さじ3
| 片栗粉…大さじ2
| 水…大さじ3
| 塩…少々

サラダ油…大さじ2

B
| 酢、醤油…各大さじ1
| ラー油…少々

作り方

1_ 切る

なすはヘタをとり、タテ3枚に切る。

2_ 衣を作る

Aを混ぜて衣を作る。

3_ 焼く

なすに2をつけて油を熱したフライパンに入れ、中火で両面こんがり焼く。Bを混ぜたたれをつけて食べる。ポン酢やからし醤油、しょうが醤油でもOK。

なすのお焼き

ふっくら衣をつければあら、新鮮

有賀メモ ‖ 衣の水を炭酸水かビールに変えると、サックリ仕上がります。なすのほか、白菜の葉やニラ、にんじんなどもおいしくなる万能の衣です。

かきのピカタ

材料（2人分）

かき… 1 パック
卵… 1 個
片栗粉…大さじ 1
ごま油…適量

A
| 砂糖…大さじ½
| 醤油…大さじ 1
| 一味または七味唐辛子…少々
| ごま油…小さじ 1

白ごま… 少々
（好みで）輪切り唐辛子…少々

作り方

1 かきの下ごしらえ

かきはボウルに入れ、粗塩（分量外）をふって指でそっと混ぜる。ボウルの水を変えながら浮いた汚れを洗い流す。ペーパーなどで水気をふきとって片栗粉をまぶす。

2 卵をつけて焼く

卵をボウルに割り入れて溶く。余分な粉をはたいたかきに卵をつけ、油を熱したフライパンに並べて両面焼く。

3 たれを作る

かきを皿に並べ、白ごまをふる。Aを合わせ、電子レンジ600Wに20秒かけてたれを作ってかける。好みで輪切りの唐辛子をふってもよい。

有賀メモ ‖ お酒にもごはんにも合うごちそうメニュー。かきは冬のものですが、最近は冷凍のかきも出回っています。

しょうがあんの レンジ蒸しハンバーグ

材料（2人分）

鶏ももひき肉…200g

絹ごし豆腐…70〜80g(小½丁)

水…大さじ1〜2

サラダ油…少々

A
- すりおろししょうが…20g
- だし…1カップ
- 塩…小さじ⅓
- 醤油…小さじ1

片栗粉…小さじ2

青ねぎ…少々

作り方

1_ ひき肉を練る

ひき肉に塩少々(分量外)を加えて練り、豆腐(水切り不要)をむらなく混ぜる。水を足してやわらかく練る。

2_ レンジにかける

耐熱皿に油を塗り、その上に**1**をのせ、直径15cmほどの円形になるよう平たく形をととのえる。ラップをふわっとかけて電子レンジ600Wに7分かける。

3_ あんを作ってかける

Aを鍋に入れて火にかけてあたため、同量の水で溶いた片栗粉を混ぜながら加えて強めのとろみをつける。蒸しあがった**2**にかけて、刻んだ青ねぎをふる。

有賀メモ ‖ だしは、だしパック、昆布かつおだしなどお好みで。顆粒だしをお湯に溶いたものでもOKです。あんかけに桜海老などを入れてもうまみがアップします。

ココがポイント！

肉汁が多少出るので、
お皿はやや深さの
あるものを。
お皿に油を塗っておくと
くっつき防止になります。
ラップはふんわり
かけましょう。

中華あんかけ レンジ蒸しハンバーグ

材料（2人分）

豚ひき肉…200g
絹ごし豆腐…70〜80g(小½丁)
すりおろししょうが…20g
水…大さじ1
ニラ…4〜5本
ごま油…少々
　　│砂糖…大さじ1
　　│酢…大さじ2
A　│醤油…大さじ1
　　│酒…大さじ1
　　│水…½カップ
片栗粉…小さじ2

作り方

1_ ひき肉を練る

ひき肉に塩少々(分量外)を混ぜて練り、豆腐、水、すりおろししょうがを加えて練る。ニラを細かく刻んでおく。

2_ レンジにかける

耐熱皿に油を薄く塗り、その上に**1**をのせて、へらなどで形をととのえる。ラップをふわっとかけて、電子レンジ600Wに7分かける。

3_ あんを作ってかける

Aを鍋に入れてあたため、同量の水で溶いた片栗粉を混ぜながら加えて強めのとろみをつける。蒸しあがった**2**に刻んだニラを散らし、甘酢あんをかける。

有賀メモ ‖ 甘酢あんを覚えておくと、レパートリーが広がります。ゆでたブロッコリーやあたためた豆腐にかけてもおいしい！

レンジ蒸し ちぎりバーグ

材料（2人分）

あいびき肉…300g

塩…小さじ⅓

たまねぎ…¼個

サラダ油…適量

A｜パン粉…大さじ3
　｜水…大さじ3

B｜ケチャップ…大さじ3
　｜ソース…大さじ3
　｜タバスコ…少々
　｜胡椒…少々

（好みで）粉チーズ

作り方

1_ ひき肉を練る

たまねぎをみじん切りにする。ひき肉に塩を加えてよく練り、たまねぎ、Aを加えてよく混ぜる。

2_ レンジにかける

皿に油を塗り、その上に団子状に丸めた**1**を隙間なく並べる。電子レンジ600Wに7分かける。汁が多い場合は少し捨てる。

3_ ソースを作ってかける

Bを混ぜたものを**2**の上にかけ、再度電子レンジで30秒あたためる。好みで粉チーズをふる。

有賀メモ ‖ ひき肉は脂身が多いと肉汁になって流れてしまうのでなるべく脂身の少ないものを選ぶのがコツ。丸めるときは表面にヒビが入らないよう、なめらかにしましょう。

さあ！なんでも蒸してみて

蒸すだけ！ 温野菜盛り合わせ

材料（2人分）

にんじん… 1本
たまねぎ…½個
キャベツ…⅙個

〈**マスタードマヨネーズ**〉

A｜マヨネーズ…大さじ2
　｜粒マスタード…小さじ2

〈**にんにく味噌**〉

みりん…大さじ1

B｜味噌…大さじ2
　｜ごま油…少々
　｜にんにくすりおろし…少々

作り方

1_ 野菜を切る

にんじんはヘタをとり乱切りにする。たまねぎは皮付きのまま4つにくし切りにする。キャベツはくし切りにする。たまねぎとキャベツはばらけないよう、つまようじをさす。

2_ フライパンで蒸す

フライパンに水300mℓほど（分量外）入れ、蒸し板をのせ、その上ににんじん、たまねぎ、キャベツを並べてふたをし中火で10〜12分蒸す。

3_ 好みでソースを添える

マスタードマヨネーズは**A**を混ぜ合わせる。にんにく味噌は、みりんを容器に入れふたをせず600Wのレンジに30秒ほどかけてアルコールをとばし、冷ましてから**B**を混ぜる。野菜に添えて出す。

有賀メモ ‖ 蒸し野菜はゆでるよりも早く火が通ります。頻繁でなければふたをあけても大丈夫なので、途中で様子を見てください。

ココがポイント！

フライパンに水を入れ、蒸し板をセットし野菜をのせます。加熱時間が近いものを組み合わせるとどれもおいしく食べられます。

材料（2人分）
レタス…小1個
もやし…1袋
〈ごまだれ〉
すりごま…大さじ2
醤油…大さじ1
酢…大さじ1
砂糖…少々
ごま油…少々

作り方

1_ 野菜を切る
レタスは葉をはがして重ねる。もやしは
洗って水を切る。

2_ フライパンで蒸す
フライパンに水を張り、蒸し板をのせ、
1を並べてふたをして中火にかける。蒸
気が上がったら2〜3分蒸す。

3_ 好みでソースを添える
ごまだれの材料をよく混ぜて添える。

有賀メモ ‖ さっと火が通る野
菜の組み合わせです。ざく切り
のニラや豆苗などもおすすめ。
葉物は小さくなるのでたっぷり
入れて大丈夫。

さぁ！なんでも蒸してみて

レタスともやしの
シャキシャキ蒸し

ブロッコリーとトマトのホットサラダ

材料（2人分）
ブロッコリー…大½個
トマト…2個
塩、オリーブオイル
　…適量
（好みで）マヨネーズ
　…適量

作り方

1_ 野菜を切る
ブロッコリーは下の固いところを切り落とし、食べやすい大きさにタテに切る。トマトはヨコ半割りにする。

2_ フライパンで蒸す
フライパンに水を張り、蒸し板をのせ、**1**を並べてふたをして中火にかける。蒸気が上がったら4〜5分蒸す。

3_ 好みでソースを添える
ブロッコリーとトマトを皿に並べ、塩とオリーブオイルをふる。マヨネーズなどを添えても。

有賀メモ ‖ プチトマトを使う場合は、切らずにそのままで。短時間でおいしくできます。

材料（2人分）
長芋…150g
ごぼう…½本
〈味噌マヨネーズ〉
味噌…大さじ1
マヨネーズ…大さじ2
白ごま…少々
〈カレーオイル〉
カレー粉…小さじ2
オリーブオイル
　…大さじ2
塩…小さじ⅓

作り方
1 野菜を切る
長芋は皮付きのまま1〜1.5cmの厚さに切る。ごぼうは食べやすい長さに切る。

2 フライパンで蒸す
フライパンに水を張り、蒸し板をのせ、1を並べて中火にかける。蒸気が上がったらふたをして10〜12分蒸す。

3 好みでソースを添える
味噌マヨネーズ、カレーオイルの材料をそれぞれ混ぜ合わせ、野菜に添える。

さぁ！なんでも蒸してみて

長芋とごぼうの ほっくり蒸し

有賀メモ ‖ 季節が同じ野菜をとりあわせると相性よしです。秋が旬のれんこんやかぶ、さつまいもなども◎！

材料（2人分）
じゃがいも… 2個
とうもろこし… 1本
〈めんたいバター〉
明太子…小½腹
バター…20g

作り方

1_ 野菜を切る

じゃがいもは皮付きのまま半割りにする。とうもろこしは皮をむき4つか5つに輪切りする。

2_ フライパンで蒸す

フライパンに水を張り、蒸し板をのせ、1を並べてふたをして中火にかける。蒸気が上がったら15〜20分、じゃがいもに串をさしてスッと通るまで蒸す。

3_ 好みでソースを添える

バターをやわらかく室温に戻してから明太子の皮をとって混ぜ、野菜に添える。

有賀メモ ‖ 私は蒸しじゃがいもを作るときは多めにして、一からスタートすると手間が多く感じるポテサラやフライドポテトなどに使いまわしています。

さぁ！なんでも蒸してみて

じゃがいもと とうもろこし蒸し

ソースで楽しむ ちいさな蒸しおかず

材料

●**卵**
　〈ペッパーマヨネーズ〉
　マヨネーズ…大さじ1、黒胡椒…少々

●**ちくわ**
　〈海苔ソース〉
　海苔の佃煮…大さじ1、わさび…少々

●**ソーセージ**
　〈はちみつマスタード〉
　はちみつ…小さじ1、マスタード…大さじ1

●**豆腐**
　〈昆布茶オイル〉
　昆布茶…少々、オリーブオイル…少々

作り方

1_ 材料を切る
　ちくわは半分の長さに切る。豆腐を食べやす
　い大きさに切る。

2_ フライパンで蒸す
　フライパンに水を張り、蒸し板をのせ火にか
　ける。蒸し板に好みの具材をのせ、ふたを
　して蒸す。
　（蒸し時間の目安）
　卵…約8〜10分
　ちくわ…約5分
　ソーセージ…約5分
　豆腐…約6〜7分

3_ 好みでソースを添える
　お好きなソースの材料をそれぞれ混ぜ、添え
　る。

有賀メモ ‖ 普段食べているものも蒸してみると新鮮です。おかず
ではありませんが、あんぱんやクリームパンなども蒸すとしっとり
おいしくなります。お試しあれ。

汁物を作るのが面倒だったら「お椀」で作れば、いいじゃない！

　ごはんを炊いて、おかずも作って、テーブルに並べてみたらちょっとだけ物足りない。味噌汁かスープがあったら完璧なのにと思うことはありませんか。そんなときにすごく重宝するのが、とろろ昆布。わが家の常備品のひとつです。お湯を注いでちょっとお醤油をたらし、刻んだねぎを散らすだけでもおいしいお吸い物になりますが、私はいろいろな具材をそこにちょっとプラスしています。とろりとした昆布にクリスピーな食感を加えてくれる揚げ玉や刻んだオクラなどが定番。しょうがなどの薬味で香りを添えても素敵です。昆布にも塩気が少しありますので、味見してから塩か醤油を足すといいと思います。

お椀に注ぐだけスープ

[作り方]
材料をすべてお椀に入れ、沸かしたお湯を注いで軽くかき混ぜる。

● 梅オクラのとろろ汁
とろろ昆布３ｇ＋塩１ｇ＋刻みオクラ１本分＋梅干し½個＋お湯150㎖

● 揚げ玉とろろ汁
とろろ昆布３ｇ＋塩１ｇ＋揚げ玉＋刻み青ねぎ＋お湯150㎖

● かつおとしょうがのとろろ汁
とろろ昆布３ｇ＋かつお節小½パック（２ｇ）＋しょうが千切り少々＋塩１ｇ＋お醤油小さじ½＋お湯150㎖

気負わずパッと！麺とごはん

4章

サバ缶とじゃがいものカレー

材料（2人分）

サバ缶…大１缶(200g)
たまねぎ…１個
じゃがいも…中２個
にんにく…１片(チューブでも)
トマトジュース…200㎖
A ｜ 塩…小さじ½
　 ｜ カレー粉…大さじ１
オリーブオイル…大さじ２
水…400㎖
ごはん…適量
(好みで)たまねぎみじん切り

作り方

1_ 野菜を切る
たまねぎはみじん切りにする。じゃがいもは皮をむいて食べやすいサイズに切る。にんにくはつぶす。

2_ 野菜を炒めてカレーベースを作る
深型のフライパンに油とにんにくを入れて弱火にかけ(にんにくがチューブの場合はたまねぎの後で入れる)、香りが立ったらたまねぎを入れて色づくまで中火で炒める。**A**を加えて全体を混ぜ合わせる。

3_ じゃがいもを煮込みサバを加える
水とトマトジュース、じゃがいもを入れふたをして煮る。じゃがいもに火が通ったらサバ缶を加え、味を見て塩(分量外)でととのえる。ごはんにかけ、好みでたまねぎのみじん切りを添える。

有賀メモ ‖ サバ缶の汁は入れても構いませんが、缶の臭みが気になる人は汁気を切って身だけ入れてください。薬味代わりにたまねぎのみじん切りがよく合います。

ココがポイント！

たまねぎやにんにく
（場合によってはトマト）
をしっかり炒めて、
そこにカレー粉と
塩を入れて
ペースト状にしましょう。
何にでも使える
自家製カレーの素です！

ツナと卵のルーカレー

材料（2人分）
ツナ缶… 1缶
たまねぎ…½個
にんにく… 1片（チューブでも）
カレールー…40g（通常のルー 1パックの½）
サラダ油…大さじ2
水…300㎖
塩…少々
卵… 2個
ごはん…適量

作り方

1_ 野菜を切る

たまねぎはみじん切りにする。にんにくはすりおろす。

2_ 野菜を炒めてカレーベースを作る

深型のフライパンを中火にかけ油とたまねぎを入れて色づくまで炒める。にんにくを加えてさらに炒める。水を加えて軽く煮て、カレールーを加えて溶かす。

3_ ツナを加えて卵を煮る

ツナ缶を加え、煮立ったら卵を割り入れて煮る。味を見て塩で調節し、ごはんにかける。

有賀メモ ‖ 卵は半熟と、しっかり火を入れたもの、どちらも違ったおいしさです。お好みでどうぞ。カレーがシンプルなので、サラダをたっぷり添えて！

なすとズッキーニの ベジカレー

材料（2人分）

- たまねぎ…½個
- なす…2本
- ズッキーニ…½本
- トマト…大1個
- にんにく…1片
  （チューブでも可）
- A
  - 塩…小さじ⅔
  - カレー粉…小さじ2
- オリーブオイル…大さじ2
- 水…300㎖
- ごはん…適量

有賀メモ ‖ 野菜は他にも、ピーマン、いんげん、ブロッコリーなど火の通りやすいものが合います。

作り方

1_ 野菜を切る

たまねぎは粗みじん切りにする。なすとズッキーニはタテ半分に切ってから2〜3㎝幅に切る。トマトはざく切り。にんにくはすりおろす。

2_ 野菜を炒めて カレーベースを作る

深型のフライパンを中火にかけ、油とたまねぎを入れてよく炒める。にんにくのすりおろしを加えてさらに炒める。トマトを加え、水分を飛ばしながら炒める。ペースト状になったらAを加えてまんべんなく混ぜる。

3_ なすとズッキーニを煮込む

なすとズッキーニ、水を加えて15分ほど煮込む。味を見て、塩（分量外）でととのえてごはんにかける。

材料（2人分）

鶏ひき肉…150g

たまねぎ…中1個

しょうが…30g

ひよこ豆水煮缶
　　…小1缶（120g）

A ｜ カレー粉…小さじ2
　　｜ 塩…小さじ½

オリーブオイル
　　…大さじ1

水…250mℓ

醤油…小さじ2

ごはん…適量

（好みで）みょうが薄切り

有賀メモ ‖ ひよこ豆は、大豆
やミックスビーンズなどに変え
てもOK。薬味にはパクチーなど
も合います！

作り方

1_ 野菜を切る

たまねぎをみじん切りにする。

**2_ 野菜を炒めて
カレーベースを作る**

深型のフライパンに油を熱してたま
ねぎを炒める。すりおろしたしょう
がを加えて炒めてから、鶏ひき肉を
加えてほぐしながら炒める。Aを加
える。

3_ ひよこ豆を煮る

ひよこ豆（水が入っている場合は水
を切る）、水を加えて5分ほど煮込
む。味を見ながら醤油を加えて味を
ととのえ、ごはんにかける。好みで
みょうがの薄切りを添える。

ひよこ豆の
和風キーマカレー

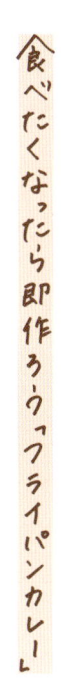

食べたくなったら即作ろう「フライパンカレー」

クイックバターチキン

材料（2人分）

鶏もも肉…1枚
たまねぎ…1個
トマト…1個
にんにく・しょうが…各1片
A｜カレー粉…小さじ2
　｜塩…小さじ½
　｜砂糖…小さじ1
バター…30g
水…250㎖
プレーンヨーグルト…大さじ2
ごはん…適量

作り方

1_ 材料の下ごしらえ

鶏もも肉をひと口大に切り、塩・胡椒少々（分量外）をふる。たまねぎは粗みじん切りにする。トマトはヘタをとって1㎝角に切る。

2_ 野菜を炒めてカレーベースを作る

深型のフライパンにバターの半量を入れて中火にかけ、たまねぎを炒める。しんなりしたらすりおろしたにんにく、しょうがを加えて炒め、トマトを加えて水分が少なくなるまで炒め、**A**を加えてよく混ぜる。

3_ 鶏を煮込む

2に鶏肉と残りのバターを入れて少し焼いてから、水を加えてふたをして弱火で煮込む。20分ほど煮込んで鶏肉に火が通ったらプレーンヨーグルトを加える。ごはんにかける。

有賀メモ ‖ プレーンヨーグルトを加えるときは、先にカレーソースをヨーグルトの器に入れてのばしてから加えるとダマになりません。ナンを添えてもおいしい！

白いミートソースの
スパゲッティ

材料（2人分）

合いびき肉…200g
たまねぎ…¼個
セロリの茎…⅓本
にんにく…1片
塩…小さじ½
水…60〜70㎖
黒胡椒…少々
オリーブオイル…大さじ1
スパゲッティ…200g
バター…10g
（好みで）粉チーズ、カットしたレモン

作り方

1_ 野菜を刻む

たまねぎ、セロリ、にんにくはみじん切りにする。

2_ ひき肉と野菜でソースを作る

フライパンに油をひいて中火にかける。合いびき肉を広げて入れ、動かさないようにして3分ほど焼く。**1**を加えて全体を混ぜながらしっかり炒める。塩と水を加えて加熱しながら混ぜ、とろりとしたら火を止める。

3_ パスタとあえる

スパゲッティを袋の表示通りにゆでてザルに上げ、**2**に入れてバターを加え全体を混ぜ合わせる。味を見て塩（分量外）でととのえ、皿に盛って胡椒をふり、好みで粉チーズをかけ、レモンをそえる。

有賀メモ ‖ 私はパルミジャーノ・レッジャーノをおろして使っています。おろしたてのチーズでシンプルなパスタも格段においしくなります。少し高価なチーズですがカットして使えるし、冷蔵庫に入れておけば日持ちもします。

ココがポイント！

肉を広げたら
かき混ぜすぎない！
広げて、一枚の肉を
焼くように
焼き色をつけると
肉の香ばしさが
うまみに変わります。

きのこの ヴィーガンボロネーゼ

材料（2人分）

好みのきのこ（できれば 3 〜 4 種）… 200g

たまねぎ … ¼個

にんにく … 1 片

オリーブオイル … 大さじ 1

酒（または白ワイン）… 大さじ 1

塩 … 小さじ⅓

醤油 … 小さじ 1

胡椒 … 少々

スパゲッティ … 200g

作り方

1_ 野菜を刻む

きのこはいしづきをとって細かく刻む。たまねぎはみじん切りにし、にんにくはつぶす。

2_ 野菜でソースを作る

フライパンににんにくと油を入れ、香りがたったらたまねぎを入れて炒める。しんなりしたらきのこを加えて酒と塩を加え、ときどき混ぜながら 5 分ほど加熱する。醤油、胡椒を加える。

3_ パスタとあえる

スパゲッティを袋の表示通りにゆでてザルに上げ、**2**に入れて混ぜ合わせる。味をみて塩（分量外）で味をととのえる。

有賀メモ ‖ きのこを組み合わせることで、肉なしでも満足感が高まります。みじん切りのパセリや青じそをふってもおいしい！

材料（2人分）

合いびき肉…150g
長ねぎ…½本
キャベツの葉
　　…2〜3枚（100g）
にんにく…1片
オリーブオイル
　　…大さじ1
塩…小さじ⅔
胡椒…少々
赤唐辛子…1本
水…50ml
スパゲッティ…200g

有賀メモ ‖ パスタはゆでたて
が命。ゆでる前に他の料理は済
ませて。野菜をもう少しほしい
ときは、きゅうりやにんじんを
スティックに切って出します。

作り方

1_ 野菜を切る

長ねぎはみじん切りにする。にんにくは
つぶす。キャベツは手でちぎる。

2_ 肉と野菜でソースを作る

フライパンに油とにんにくを入れて弱火
で熱し、ひき肉を広げて入れて中火で焼
きつけるようにして2〜3分焼く。長ね
ぎを加えて炒める。キャベツ、種をとっ
た赤唐辛子、塩、胡椒を加えて混ぜる。
ふたをしてキャベツがしんなりするまで
加熱してから、水を加えてよく混ぜる。

3_ パスタとあえる

スパゲッティを袋の表示通りにゆでてザ
ルに上げ、2に入れてあえる。味を見て
塩（分量外）で味をととのえる。

シンプル気楽な「ボリューム麺」

キャベツとひき肉の
スパゲッティ

本格ボロネーゼ
レトルトに肉増しで

シンプル気楽な「ボリューム麺」

材料（2人分）

合いびき肉…100g
にんにく…1片
レトルトのミートソース
　（2人分のもの）
オリーブオイル
　…大さじ1
赤ワイン（なければ
　お酒でも）…大さじ2
黒胡椒…少々
パスタ（ここではペンネ）
　…160g
（好みで）粉チーズ

有賀メモ ‖ 市販のミートソースは味がやや強めなので、具材を入れても味は足さずに使います。かわりにパスタをゆでるときに塩をしっかり効かせて。

作り方

1_ 肉を焼く

にんにくはつぶしてフライパンか鍋に油と一緒に入れ、弱火にかける。にんにくが色づいて香りが出たら、ひき肉を入れて広げ、あまり動かさず焼き目がつくように焼く。

2_ レトルトソースを加えてあたためる

赤ワインをふって鍋底の焦げをヘラでこそげとる。レトルトのソースを加えて混ぜ、煮立てる。黒胡椒を多めにふる。

3_ パスタとあえる

パスタを袋の表示通りにゆでてザルに上げ、**2**に入れてあえる。好みで粉チーズをふる。

じゃじゃ麺風あえ麺

ミートソースの中華版

材料（2人分）

豚ひき肉…150g
長ねぎ…⅓本
しょうが・にんにく…各1片(チューブでも)
ごま油…大さじ1
水…200mℓ

A
　砂糖…大さじ½
　味噌…大さじ1
　酒…大さじ1
　醤油…小さじ½
　ごま油…大さじ1

中華麺…2玉
パクチー…1〜2株(または長ねぎ)
(好みで)酢、ラー油

作り方

1_ 野菜を刻む

長ねぎ、にんにく、しょうがをみじん切りにする。

2_ 肉と野菜で肉味噌を作る

フライパンに油、**1**を入れて弱火にかける。香りがたったらひき肉を加えて中火に切り替え、さらに炒める。水と**A**を加えて水分が少なくなるまで煮込む。

3_ 麺とあえる

麺をゆでてザルに上げ、**2**に入れてざく切りにしたパクチー(または千切りにした長ねぎでも)と一緒に混ぜ込む。好みで酢、ラー油を添える。

有賀メモ ‖ 肉味噌は麺をあえるだけでなく、ごはんにのせて食べてもおいしい。レタスにごはんと肉味噌を巻いて食べるレタス巻きごはんもおすすめ！

青ねぎどっさり、
きのこの
炊き込みごはん

材料

米… 2 合

きのこ(好みで 2 〜 4 種)…200g

A │ 酒…大さじ 1
│ 塩…小さじ 1

刻み青ねぎ…大さじ 4 〜 5

作り方

1_ 具材の下ごしらえ

　米は洗ってザルに上げておく。きのこはいしづきをとって食べやすく切るか手で割く。

2_ 水加減して炊く

　炊飯器に米と **A** を加え、通常通り水加減する。きのこを加えて炊く。

3_ 具を混ぜてトッピングする

　炊き上がったらしゃもじでさっくり返して具を混ぜてから器に盛り、刻み青ねぎをたっぷり散らす。

有賀メモ ‖ きのこは、しめじ、まいたけ、しいたけ、えのきなどがおすすめ！

ココがポイント！

炊飯器で炊くときは
順番が大事。

①調味料をまず入れて、
②水加減して、
③最後に具材を入れる！

水分の多い野菜のときは
少し水を減らして
炊きましょう。

にんじんとチーズの炊き込みごはん

材料

米… 2合
にんじん… 1本
A ┃ 塩…小さじ⅓
　 ┃ 酒…大さじ1
クリームチーズ…適量
塩昆布…適量

作り方

1_ 具材の下ごしらえ

米は洗ってザルに上げておく。にんじんは千切りにする(スライサーを使うと便利です)。

2_ 水加減して炊く

炊飯器に米を入れ、Aを加え、通常通り水加減する。にんじんを加えて炊く。

3_ 具を混ぜてトッピングする

炊き上がったら底から返して具を混ぜてから器に盛り、クリームチーズの角切りと塩昆布を添える。

有賀メモ ‖ にんじんごはんには案外ジャンキーなトッピングも合います。カリカリに焼いたベーコンや、意外なところではポテトチップスを砕いたものも!

材料

米…2合
しょうが…40g
油揚げ…1枚

A
| 塩…小さじ⅓
| 醤油…大さじ1
| 酒…大さじ1

(好みで)ごま…少々

作り方

1_ 具材の下ごしらえ

米は洗ってザルに上げておく。しょうが
は千切りに、油揚げはヨコ半分に切って
から細切りにする。

2_ 水加減して炊く

炊飯器に米を入れ、Aを加え、通常通り
水加減する。しょうがと油揚げを加えて
炊く。

3_ 具を混ぜてトッピングする

炊き上がったら底からさっくり返して混
ぜて盛りつけ、ごまをふる。

有賀メモ ‖ しょうがはたっぷ
り使うのがコツ。具の少ない炊
き込みごはんなので、薄味でボ
リュームのあるおかずに相性よ
しです。

野菜で手軽に!「炊き込みごはん」

しょうがと油揚げの炊き込みごはん

材料

米… 2合
さつまいも
　…小 1 本(200g)
塩…小さじ⅓
バター
　…10〜20g

作り方

1_ 具材の下ごしらえ

米は洗ってザルに上げておく。さつまいもは太い場合はタテ半分に切る。

2_ 水加減して炊く

炊飯器に米を入れて塩を加え、通常通り水加減する。さつまいもをのせて炊く。

3_ トッピングして具を混ぜる

炊き上がったらバターをのせ、さつまいもをしゃもじで切りながら全体にさっくりと混ぜ込む。

有賀メモ ‖ さつまいもはあまり細かくせず、ランダムな大きさになっていると楽しく食べられます。バターはお好みで食卓でのせても。トッピングするなら黒ごまが合います!

野菜で手軽に!「炊き込みごはん」

さつまいもの バターライス

トマトとアボカドの メキシカンライス

材料
米… 2合
アボカド… 1個
トマト… 1個
塩…小さじ⅓
タコススナック…適量
(好みで)パクチー、レモン、チーズなど

作り方

1_ 具材の下ごしらえ
米は洗ってザルに上げておく。アボカドは半割りにして種をとり、皮をむく。トマトはヘタをとる。

2_ 水加減して炊く
炊飯器に米と塩を入れ、通常通り水加減し、アボカドとトマトをそのままのせて炊く。

3_ 具を混ぜてトッピングする
炊き上がったらトマトとアボカドをしゃもじで崩しながら全体にさっくり混ぜる。トッピングに、タコススナックを砕いてのせる。好みでパクチー、レモン、チーズなどを添える。

有賀メモ ‖ トッピングで賑やかに食べる炊き込みごはんです。サラダチキンなどを割いてのせれば一皿で一食になるボリュームごはんに。チリパウダーなどをふってもおいしいです。

自分を甘やかしたいときのおやつとは

　頭を散々使ったのか、ストレスが多かったのか、たまに甘いものをたっぷり食べたいという衝動にかられることがあります。そんなときのために私が常備しているのが、バニラアイスクリームと缶詰のゆであずき。アイスを盛りつけてあずき缶をあけ、スプーンでたっぷりのせたらレーズンやあんずなどのドライフルーツを添えます。ただ盛りつけるだけの手間でカップからそのまま食べるより満足感がずっと高くなって、心が満たされます。ちなみにアイスクリームは濃厚な高級アイスより庶民的な価格のさっぱりタイプのほうがあずきの味をひきたてると思います。抹茶アイスとダブルで組み合わせたら最高！

おうちで甘味

[材料]
・バニラアイスクリーム
・缶詰のゆであずき
・好みのドライフルーツ

[作り方]
バニラアイスを器に盛り、ゆであずきをかけ、ドライフルーツを好きなようにトッピングする。

ありふれた料理こそ、美しい。

スープではなく、メインになるようなおかずの本を作りませんか?

と、私をよく知る編集者の野本有莉さんに声をかけられました。スープ作家の私がスープではない料理のレシピを作る意味ってなんだろうと考えたとき、「家だからこそ食べられる味」を紹介したいなと思いました。スープも、家で作るのが一番似合う料理だからです。

私は、食べることには少々わがままです。からあげは揚げたて、とうもろこしはゆでたて、魚は焼き立ての熱々を食べたい。サラダのレタスやトマトはきゅんと冷やしたい。シチューやカレーはもったり重たすぎないほうが好みだし、オムライスの中身はケチャップライスよりバターライスが好き。野菜炒めはなるべくシンプルなのがいい。

こうして書いてみると、とくにお金や手間ひまがかかるわけではないことばかり。わがままというより、ささやかな願いです。でも、それをかなえてくれるレストランやデリは(世界のどこかにはあるのかもしれませんが)、少なくとも私が日常で気軽に行ける範囲には見当たりません。

思えば結婚したばかりのころは、雑誌やテレビで見るような、キラキラした料理をめざ

していました。でも、仕事と家事を両立させながらでは、息切れする日もあります。仕事終わりに30％しか力が残っていないとき、レシピを見ながら料理なんかできません。

それに正直なところ、がんばったからといって家族が喜ぶというわけでもないのです。ハーブ入りの魚のクリーム煮やグリーンカレーのような目新しい料理を出したら、微妙な空気になってしまったことも。その一方で、ただ焼いて醤油をかけただけのなすを喜んで食べる姿を見て、家の料理って簡単なのかむずかしいのかわからなくなりました。同じものは何度出してもいいようだということも、ほんとうに理解したのはごく最近です。

こんな日々を経て、私の料理は自然にそぎ落とされて、作りやすい、そして何より安心感のあるものになっていったと思います。自分たちの好みが長年のうちに反映された料理を、今回この本でレシピ化しました。

うまみや塩の強すぎない味つけ。切っただけ、さっと加熱しただけの食材に調味料や簡単なたれをかけるような食べ方。やみくもに流行や技を追うのではなく、でも家族が喜ぶものにはしっかり手もかける。甘くないしょうが焼きも、野菜と一緒にとるチキンソテーもさらさらシチューも、この30年間、ごはんやお弁当のおかずとして私が作りつづけてきたものです。

飾るためだけのパセリや、いろどりのためだけのにんじんやプチトマトは、この本では使われていません。スパイスやハーブなど変化をつける食材も、たまに使うぐらいにとどめました。どちらかといえば野暮ったい私の料理を、スタイリストの久保田朋子さん、カメラマンの鈴木泰介さんが、親しみやすく日常の喜びあふれるものに変えてくれました。見る人間のまなざしひとつで、ありふれた料理でも美しく、そしておいしそうに捉えられることをおふたりから教わりました。それがまさに私がこの本で伝えたい一番のことだったかもしれません。

2024年9月

有賀 薫

有賀 薫 ありが かおる

スープ作家、料理家。家族の朝食にスープを作り始め、10年間毎朝作り続けたスープレシピをSNSで発信。シンプルで作りやすく味わい深いレシピが人気を集め、雑誌やテレビ、ラジオなどで活躍。著書に、料理レシピ本大賞料理部門で入賞した『帰り遅いけどこんなスープなら作れそう』（文響社）、『朝10分でできる スープ弁当』（マガジンハウス）のほか、『有賀薫の豚汁レボリューション』（家の光協会）、『有賀薫のだしらぼ』（誠文堂新光社）など多数。

Staff

デザイン	細山田光宣、木寺 梓（細山田デザイン事務所）
撮影	鈴木泰介
スタイリング	久保田朋子
料理アシスタント	大塚佑子
DTP	横村 葵、橋本 葵
編集	野本有莉（KADOKAWA）

おうちごはんは
日々のくりかえし。

料理家がふだん、
気ラクに作っているレシピ

2024 年10月2日　初版発行

著　者　有賀 薫
発行者　山下直久
発　行　株式会社KADOKAWA
　　　　〒102-8177　東京都千代田区富士見 2 -13- 3
　　　　電話 0570-002-301(ナビダイヤル)
印刷・製本 TOPPANクロレ株式会社

日々、ごはん作りをしている
全ての人に、エールを。